D1672162

SV

Albert Ostermaier

ÜBER DIE LIPPEN

Gedichte

Suhrkamp

Die Gedichttitel und ihre alphabetische Anordnung entsprechen den
»Figuren« aus Roland Barthes' *Fragmente einer Sprache der Liebe.*

Erste Auflage 2019
© Suhrkamp Verlag Berlin 2019
Alle Rechte vorbehalten, insbesondere das der Übersetzung,
des öffentlichen Vortrags sowie der Übertragung durch
Rundfunk und Fernsehen, auch einzelner Teile.
Kein Teil des Werkes darf in irgendeiner Form
(durch Fotografie, Mikrofilm oder andere Verfahren)
ohne schriftliche Genehmigung des Verlages reproduziert
oder unter Verwendung elektronischer Systeme verarbeitet,
vervielfältigt oder verbreitet werden.
Satz: Satz-Offizin Hümmer GmbH, Waldbüttelbrunn
Druck: GGP Media GmbH
Printed in Germany
ISBN 978-3-518-42863-4

ÜBER DIE LIPPEN

»Jede Figur ist nichts anderes als der Stoff einer Dichtung,
wie in der Epoche der Romantik – der Zeit,
in der jeder Brocken einer Sprache der Liebe,
der einem in den Sinn kam, sofort Lust auf einen Vers,
das Verlangen nach einem Gedicht weckte.«

Roland Barthes, *Fragmente einer Sprache der Liebe*

.

abhängigkeit

es gibt nicht den geringsten
grund warum ich das sein muss
du erniedrigst mich und ich
überhöhe dich am boden
meiner lächerlichkeit seh ich
auf zu dir und lass mich
auslachen freiwillige ab
hängigkeit der schönste
zustand und wie wäre der
möglich ohne liebe ich
bin heiser wenn ich spreche
laut genug für mich allein
unmündig die stolpersätze
verwirrt in den worten ein
knoten den nur du zerschlagen
kannst mich in die zwei hälften die
wir sind wo bist du wer
sagt dir dass du herabsinkst
zu mir wem folgst du dem
ich folgen muss *kontakt*
blockieren

abwesenheit

nie bist du mir so nah wie wenn
du nicht da bist bin ich verlassen
ich halte die luft an du willst dich
davonmachen aber ich lass dich
nicht raus ich ersticke du bist luft
für mich schrei ich in den leeren
spiegel und schon bist du weg
und ich ring nach dir nach atem
von deinen lippen über die ich
komme wärst du da ein wort
von dir mein name auf der
zunge du hast ihn vergessen
als du gingst wohin ich
dir nicht folgen kann weil
ich bleibe geblieben bin
bleiben werde ein vergessenes
versprechen mich genauso zu
lieben wie ich dich wenigstens
so zu tun als ob du mir nicht
den kopf unter wasser drückst
die luftblasen zählst bevor sie
an der oberfläche platzen die
wahrheit

allein

mein herz liegt auf deinen
lippen spricht in zungen
wenn ich zwischen ihnen
schweige schlägt es sein sos
hinab in deine brust so
das echo meiner augen die
ich beim sprechen schliesse
deinen mund halte mit blicken
mit einem fuss draussen sein
ist kein reden habe mich
verrannt in dich in deine stille
du hast hand an mein
leben gelegt ich steh auf
der schwelle zwischen zwei
worten was uns
trennte von der welt die wir
uns waren veränderbar
der notstand ich hänge an
einem komma bin für dich
über alle zeilen gesprungen
aus dem fenster ins gesicht
hast du mir die wahrheit
gesagt mit der du schliefst
während ich wach lag
anschlag um anschlag
ein schlag auf mein herz das
schwarz von deinen buch
staben und meiner tinte triefte
jetzt bleibt mir nur das
löschpapier

anbetungswürdig

ich bete dich an meine worte
zu müde es zu erklären leer
liegen sie nackt in der sonne
geblendet wenn ich die augen
öffne ein stich rote kreise
die wunde das wunderbare ich
vergesse was ist und werde
eine erinnerung an dich das
leuchten deines körpers in
den falten meiner gedanken
ich geh aufs ganze dich nie
könnte ich sagen was ich am
meisten liebe dein schlüssel
bein die kuppe deines fingers
das löschen des lichts für
die helligkeit der hände
ich habe keinen begriff von
dir für dich nur ein stammeln
du bist du selbst und ich
ausser frage das ja

angst

warum sagt es mir keiner
hab keine angst mehr
du hast sie schon
verloren die stimme
in mir ausser atem
zurück ins hotel allein
durch den geschmolzenen
schnee das kalte zimmer
der heizkörper weiss ich
bekomme keine luft
der staub im teppich das
fenster das sich nur einen
spalt breit öffnen lässt
die geräusche nebenan
bist das du auf dem flur
die schritte der schlüssel
im schloss eingeschlossen
warte ich ungeduldig und
will die geduld verlieren
mit dir das leben die asche
fällt in das wasserglas ich
zittre warum weil ein
schiffbrüchiger angst hat
auf hoher see selbst wenn
sie still ist dieses verfluchte
licht gegenüber du wirst
nicht zurückkommen ich
höre zu rauchen auf wenn du
es tust verspreche ich dem
leeren stuhl am morgen

askese

sieh was du aus mir gemacht
hast dreh dich um schau mich
an nicht weg ich werde mir
den schädel rasieren das herz
mit deinem namen tätowieren
und ihn mit den fingernägeln
durchstreichen bis es blutet
die ringe unter meinen augen
das bist du die nächte ohne
dich wenn du mit meinem
schlaf durch die stadt ziehst
hast du es nicht geliebt mir
durch die haare zu streichen
mein gesicht zu verbergen
unter ihnen bevor deine lippen
meine suchen sie werden
vertrocknen brüchiges papier
mein körper verschwindet in
dem umriss am boden den ich
mit der kreide um mich zog du
hast einen stich ja die stunden
ohne dich sind die wüste und
du bist das wasser das ich aus
deinen händen trinke bevor du
mich schlägst mit deinen blicken
du musst mich bestrafen weil ich
so folgsam war und immer mehr
aus deinem leben verschwinde
21 gramm jeden tag auf der
waage meine seele nur haut
und knochen

atopos

du bist meine wahrheit ich
kann dich nicht einordnen
bist unvergleichbar wenn
ich dich vergleiche mit
denen die vor dir un
vergleichbar waren bis ich
den fehler fand der mich
an sie band und mich
an dich nicht bindet bin
ich erblindet verblendet
deine unschuld gibt mir
die schuld dass ich dich
nicht fassen kann fasziniert
wie ich bin austauschbar
vor deiner einzigartigkeit du
machst mich zum liebenden
darüber lässt sich nicht
streiten ich werde alles
abstreiten

auswege

du willst dich aus der affäre
ziehen mich fliehen den hals
aus dem strick drehen die kugel
aus dem kopf die pulsadern
schliessen mit einer zeile
das rot aus dem wasser
schöpfen mit der hand das
ist keine lösung wenn du
gehst dich trennst die seite
zerreisst den satz in zwei
hälften die immer zusammen
gehören werden wie das
fragment und das ganze
das es nie sein wird aber
war bevor du glaubtest
du könntest dich opfern
der liebe dein herz ein pfund
fleisch ohne dich roh wie du
blutig noch das loch in meiner
brust es gehört dir die trauer
ist ein spiel der tod ist es
nicht du liebst dich über ihn
hinaus mich nicht zu lieben
du kannst den knoten nicht
lösen wenn du dich fallen
lässt fang ich dich auf und
es fängt von neuem an was
aufhören muss wie du beim
abschied sagst zögernd

begegnung

ich bin der und der
der du bist bin ich
werde ich sein wenn
ich dich finde mich
ohne dich wo bin ich
gewesen was als ich
das erste mal sah du
hast mich übersehen
die fliege im zimmer
die gegen das glas flog
wieder und wieder mein
blick als kind riss ich
ihnen die flügel aus oder
trug sie in der faust öffne
die augen das bin ich
sind wir spürte ich von
anfang an ich muss dich
wiedersehen ich sah dich
als du kamst die lider
geschlossen unter der
dusche hinter dem vorhang
aufgezogen wie mein herz
komm zu mir ich stand
mit dir im regen wir liefen
über die strasse hand in
hand überfahren von dem
was kommen musste der
aufprall knall und fall
und immer mit dir

das roulette in der brust
und stets dieselbe
zahl die kugel wenn sich
alles zu drehen aufhört der
schwindel alles gemeinsam
zu lieben bis der andere
anders ist und nicht mehr
ich es bin der der
und der ist

beiläufigkeiten

ich bin das verhängnis
ich bleibe hängen in
deinem gedächtnis in
der warteschleife um
meinen hals an dem
drehkreuz das sich
nicht mehr dreht während
du längst davon bist
zwischen fremden
gesichtern der mann
hinter dir mehr sehe ich
nicht zu spät verpasst
laufe auf den gleisen
meiner gedanken dir
hinterher wohin weiss
ich nicht mehr je länger
ich laufe die lunge aus
der brust doch das herz
bleibt der stein rollt sich
bis auf die lippen und fällt
zurück wie ich wenn ich
mich zu erinnern glaube
was du gesagt hast gestern
nacht beiläufig fallen
gelassen mich lässt es
nicht mehr los ich
verschwende das kapital
des imaginären werde
hysterisch damit alles

seinen grund hat und so
kam wie es kommen musste
ich es wollte das unglück
zum glück behalte ich es
für mich und seh dir nach
wo nichts mehr ist

bejahung

ich sage zu allem ja
ohne aber bejahe ich
dich sage nein zu allen
anderen ohne mich ich
stimme dir zu mich in
dich ein die gabel die
du schlägst der ton den
du triffst das dur nur
für dich gegen das moll
der welt die angst vor
dem moi non non plus
verneine ich dich doppelt
meine ohne mich raus
zureden bleibe ich bei
dir meinem wort deinem
an der kette um den hals
auf den herzmuskel mit
der nadel tätowiert lässt
sich das leben lässt sich
so lieben ohne frage ich
bin überspannt der bogen
mit dem pfeil die sehne
das sehnen alles in mir
zielt auf dich was ich
verfehle fehlt mir du
schon jetzt nach diesen
zeilen *beginnen wir*
von neuem

berührungen

ich werde ihn zum sprechen
bringen haut und haar mit
händen und füssen werde ich
dir die lippen öffnen den finger
auf der wunde wenn sie sich
schliesst mit dir deinem atem
an meinem ohr in der muschel
das meer wie wir wogen und
nichts mehr wägen nur wagen
was zunächst nur wie ein zufall
war das knie unter dem tisch
das kinn in der hand gestützt
auf die faust dein blick ich
werfe ihn zurück wir wechseln
die seiten du blätterst mich um

betretenheit

unausgesprochen sprichst du
an mir vorbei ins nichts nein
es ist nichts betreten betreten
wir das schweigen die wieder
holung der stille ohne stille
ohne laut zu werden machst
du mir eine szene auf leerer
bühne doch ich fall nicht aus
der rolle und bleibe sitzen das
publikum deines vorwurfs
schenke ich dir meinen beifall
später im café in einer ecke
während du weiterspielst ohne
mich und schluckst das gift aus
liebe bleibt mein schrei
stumm mein romeo

bild

mir ist kalt kehren wir um
ich hab dir den rücken
zugewandt wirst du noch
da sein wenn ich den kopf
drehe das messer in der brust
wird da nichts als die wüste
sein eisblock auf eisblock
und ich ein streichholz
dazwischen eingefroren in
deine abwesenheit ein fossil
das feuer erloschen die
zeichnung auf der netzhaut
was sehe ich wenn ich über
die schulter blicke wenn die
lider sich öffnen wie eine
wunde aufbricht ich wollte
mir kein bild von dir machen
dem augenblick der mich
ausschliesst meine lippen
von deinem schlüsselbein
das loch in das ich falle
wäre ich doch blind vor
liebe müsste ich kein auge
auf dich werfen und der
stein würde über das
wasser springen bevor
er ertrinkt

brief

ich denke an dich ich
habe dich vergessen du
kannst mich vergessen
den brief den ich dir
geschrieben habe
ungeöffnet lesen mich
nur ein einziger satz
drei seiten lang mit meiner
hand du immer wieder
dieselben worte schwarz
auf weiss meine schrift
das wasserzeichen unserer
liebe eine träne die alles
verwischt auf dem papier
das fliegen kann und
schwimmen dir den
mund stopfen ich habe
dir nichts zu sagen du
bist alles worauf ich
mich beziehe die spucke
die den brief schliesst dein
finger das messer das ihn
aufreisst mein herz die nackten
schenkel der umschlag leer
warte ich auf eine antwort
geliebter durchgestrichen denke
ich an dich

dämonen

ich habe mich aus deinem
paradies vertrieben die
schlange das wort ein apfel
ich habe in ihn gebissen in
dein ohr dir eingeflüstert
was ich nie sagen wollte
aber musste obwohl ich
wusste es tut dir weh mir
der schmerz mein falscher
reim auf dein herz dort
und meins das den wurm
hat deinen stich der es durch
sticht warum nur blieb ich
nicht stumm weil ich sah
was nicht war was hätte
kommen können und jetzt
kommt der schlag ins gesicht
mein dämon ich sehs der mit dir
schläft und meiner vernunft am
steuer die strasse das schleudern
von einer seite zur anderen
die zeilen im nebel drehst du
dich um dich selbst zum teufel
mit dem totalschaden wirst du
am ende sagen ich habe nur
einen kratzer abbekommen
und einen tropfen blut auf
der zunge

drama

du hast mir eine
szene gemacht und was
ich dir vorspiele sprichst
du mit wir werden unseren
text vergessen und proben
immer wieder den gleichen
kuss wir haben alles andere
gestrichen

eifersucht

dein bett will ich teilen
nicht deinen arm brechen
das brot aber deine augen
braue die ader am hals nie
den augenblick jeden aber
nicht die wimper auf deiner
wange wenn du sie mir
vom finger bläst in den
wind an deinem ohr die
schläfe im schlaf der traum ich
kann ihn nicht fassen du
sprichst seinen namen
deine lippen sprechen ihn
die hände wie zwillinge
seid ihr und ich der luftzug
zwischen euch das blatt
das keinen raum findet
ausgeschlossen schliesse
ich mich ein in die angst
den hass die scham die
sucht ich möchte mich
vierteilen bis du meine
wunden die schnitte heilst
und eins und eins wieder
eins ist

einbezogen

es hat system ich bleibe
aussen vor hinter der scheibe
das leben zieht an mir vorbei
die lippen am glas sehe ich
durch die fenster und fehle
in allem was ich sehe und
sehe keine tür die sich öffnet
für mich zum wir die klammer
ich gehöre nicht dazu ich
bin der stuhl der frei bleibt
wenn die musik den atem
anhält stehe ich atemlos in
der ecke und schaue wie ihr
euch auszieht und ziehe weiter
angezogen

einverständnis

wir haben über dich geredet
sie und ich uns nicht die augen
ausgestochen sondern sie auf dich
geworfen gemeinsam einen
blick gewagt blind vor liebe
teilten wir die eifersucht dich
zu sehen im schatten wir
liessen dich fast dort stehen
verstanden uns blendend
ja wir sonnten uns in deinem
glanz auf unseren gesichtern
wir hatten genug von dir
und fast schon zu viel

entstellung

du bist wie alle anderen
plötzlich entzaubert alles
ein falscher ton und fort
was war fort was ist ver
kehrt alles wesen dein bild
nur zahlen und figuren
kein singen oder küssen
wär das wort geheim
geblieben unausgesprochen
nichts wäre geschehen wir
würden uns drehen eine welt
für uns weiter voller geschichten
die jetzt geschichte sind und
gegenwart die geste mein
blick der wie eine klinge
schlitzt durch das bild das
ich mir von dir gemacht
hatte die glatte hülle hängt
an deiner stirn mein leben
verliert dein gesicht
als wärst dus gewohnt
gewöhnlich zu sein und ich
hätte es übersehen deinen
blick und *der samen tritt*
dir aus den augen heraus
und mich schauderts
dein abbild zu sein

entwertung

ich liebe nur die liebe du
bist nichts wert ausser ihr
ich werf mich in deine
arme my love aber werf dich
weg ich habe dich über
alles in der welt und keine
mit dir als meine du ziehst
mich aus ich zieh dich an
du bist reizlos das reizt mich
alles von dir zu verlangen
bis nichts mehr bleibt als
mein verlangen und du
übrig bleibt dir nur mir den
letzten stich zu versetzen
mich mit mir selbst zu
verletzen mir die lippen
mit deinen zu netzen mir
den punkt den stein im herz
zu wetzen bis es wieder funkt

entwirklichung

die welt ist auch ohne mich
randvoll mein herz schlägt
hinter glas bricht es
gepanzerte scheiben schieben
sich zwischen mich und das
was dort draussen ist und
mich beschiesst mit blicken
augenblicken ich sehe ich
höre nichts dringt zu mir
durch augen starren mich an
das bild an der wand und ich
bin erstarrt im spiegel blind
für mich erkenne ich alles
in einer unwirklichen schärfe
warum reden sie so laut die
farben so grell die worte
hysterisch das lachen worüber
lachen sie ich schreie sie an
mit meinen stummen lippen
will mich um kopf und kragen
reden aber nur mein hals
schwillt an die faust als
könnte ich mit ihr sprechen
hebe ich sie als ginge ich
mit ihnen auf der strasse als
wäre mein kampf nicht nur
der die fassung zu wahren
mein gefasstsein in der
unfassbarkeit der liebe er

ist wahrlich in einer schlechten
verfassung er ist ausser sich
denken sie *wie war der*
himmel blau die hoffnung
weit sie schwärzt mich an
bis ich das gegenteil bin
und nicht länger ein teil
von ihr von allem um mich
bin ich kindisch oder nur
ein kind der zeit ich stehe
schreibend auf den händen
und zähl bis sieben die
wolken mit den füssen bis
ich aus ihnen falle in die falle
und alles was der fall ist

erfüllung

du füllst mich ab mit dir
tauchst meine feder in deine
schwärze hinab bis ich mich
vollsauge und zu fliegen
verlerne warum denn auch *ich*
habe schluss gemacht mit
dem nicht genug dem noch
nicht dem immer näher und
nie nah genug der strich
formt einen vollendeten
kreis führte ich ihn zu ende
aber ich will nicht schreiben
und schreibe doch diese zeilen
die mich widerlegen als läge
ich falsch neben dir als könnte
meine sprache nicht jubeln
wie meine haut bluten jetzt
nichts überstürzen wollend
haben wir uns aufeinander
gestürzt subjekt auf subjekt
hungrig ohne hunger dürstend
ohne durst waren wir einander
zu viel des guten und das beste
was wir aus uns machen
konnten

erwachen

werde ich von dir erwachen
deinem blick in meinem nacken
dem wimpernschlag auf meinen
schulterblättern die ich voll
geschrieben habe mit meinen
träumen letzte nacht und der
angst dass du mich verlässt
wie der schlaf und mir nur
die müdigkeit bleibt das tasten
nach dir auf dem aufgewühlten
weissen laken der horror vakui
deines körpers der nur mein fieber
war der kalte windstoss aus dem
offenen fenster ohne das du
nicht schlafen kannst

erwartung

ich bin der der wartet
nicht warten kann warten
muss warte du lässt mich
warten auf dich ein wort
anruf ein zeichen nachts
im café an der tankstelle
ich erwarte nichts
nur dass du kommst im
nächsten augenblick jetzt
du hast nicht abgesagt
hast nichts gesagt wo du
bist wo stehst du ich trete
auf der stelle und du trittst
nicht auf was für ein trauriges
schauspiel nur andere kommen
und gehen geben mir beiläufig
ihr stichwort ins herz nein
ich habe sie nicht gesehen
gestern ja ich warte ab und
die angst setzt sich zu mir sie
hat ihre engsten freunde
mitgebracht du kennst sie doch
ist hier noch ein platz frei du
hast mich vergessen verlassen
jemand anderes in den armen
bist verunglückt im auto hast
dich verlaufen verirrt im wald
verletzt verfolgt auf dem weg
zu mir um diese zeit es ist

meine schuld ich hätte gehen
sollen dir entgegenkommen
du kommst wenn ich gegangen
bin die warteschleife um den
hals hänge ich hier rum und
werfe schatten zur tür rühre
mich nicht von der stelle und
stelle mir vor du bist hier und
wir warten auf dich

exil

ich laufe davon und sage es dir
nicht verschweige dir dass es
vorbei ist und du weinst mir keine
träne nach denn du weisst es
nicht und hättest es wissen
müssen hör auf zu heulen bläu
ich mir ein betoniere die tränen
kanäle du bist nur mehr ein
phantomschmerz doch es
schmerzt mich umso mehr
wenn du nicht anrufst und
mich hängen lässt wie einen
leeren briefkasten warum hat
es mir die sprache verschlagen
mit dir fehlen mir die worte ein
wie schade ist das alles was
bleibt wenn ich gehe weil ich
dich noch liebe was sonst und
zurückkehre in die fremde meines
körpers die einsamkeit weiter
zuleben weiterzureden weiter
zumachen und so als machte es
mir nichts aus dass es aus ist
du aus bist ausgelöscht als könnte
ich es ausdrücken mich als
kämst du nicht zurück mit
dem nächsten gedanken schon
und der angst vor deinem ende
unserem wenn ich dich totsage

all das was war zwischen uns
die schnittmenge und die menge
der schnitte und schritte jetzt
weg von dir als wäre unsere zeit
abzulaufen

fading

du wirst immer leiser deine
stimme wo ist sie ich höre
dich nicht mehr nichts von dir
die stille im kopf der herzschlag
ein strich einen schlussstrich
ziehen in die unendlichkeit
ist es das du bist so fern
entfernst dich bleibst mir
fern fremd der klang deines
lachens wie du gelacht hast
wenn ich mich erinnere ich
schaue auf das telefon als riefe
ich dich an aber du rufst nicht
zurück es liegt da als schwiegst
du mich an als wärst du in einem
wagen irgendwohin unterwegs
doch ich bliebe hier stehen
kann es nicht fassen
nichts fassen du bist unfassbar
berühre was verschwunden ist
es ist vorbei hättest du sagen
können vorbei alles zieht vorbei
an mir der schmetterling verpuppt
sich zurück die blüte schliesst sich
die lippen bleiben geschlossen
ich habe gehört wäre eine antwort
aber du lässt dich nicht hören
nichts bist nicht einmal mehr ein
hörensagen nur abwesenheit ohne

adieu hätte ich angst um dich
wäre es leichter für mich ich
könnte dir eine szene machen
wozu die szene ist gestrichen
das drama es findet nicht statt du
bist müde du hast dich ermüdet
an mir die augen fielen dir zu
während ich wach blieb und dich
anblickte sag mir wohin bist du
verschwunden du warst erschöpft
ich hatte es verdrängt deine stimme
belegt als hätte ich chloroform
auf einen wattebausch gegossen
und ihn als meine liebe dir ins
gesicht gedrückt heute nachmittag
bin ich weggedämmert wie nah ich
dir plötzlich war ich werde dich
verlassen höre ich in die stille
hinein das rauschen dort und warte
bis die flamme sich entflammt
nachdem ich den streichholzkopf
über die zündfläche gerieben habe
und feuer fange für die leere die
du zurückgelassen hast in der luft
schall und rauch von deinen
zigaretten er hängt in allen dingen
soll ich das fenster öffnen

fehler

ich habe einen fehler gemacht du
warst mein fehler aber ich war
der fehler bin es noch mein verhalten
fehlerhaft in deinen augen alles
was ich tat ein fehler du schweigst
ich steh dazu möchte ich dir sagen
bitte geh jetzt nicht wäre der satz
ich habe alles falsch gemacht wenn
ich es nicht für dich gemacht habe
bin daran schuld wenn ich die schuld
auf mich nehme ich nehme alles
auf mich und den schmerz wäre er
unschuldig ich könnte ihn ertragen
das unglück glück gehabt zu
haben mit dir und mich darum
betrogen zu haben weil ich mich
nicht ergeben habe und zu allem
ja gesagt dem leiden ja dem
falschen stolz es dir nicht recht
machen zu wollen wo du doch
recht hast und ich nicht zusehen
kann dass du es mir gibst

fest

du bist ein fest für mich
halt mich ich singe *fester* mein
brustkorb ein chor empor hier zu dir
schwinge ich mich auf in alle
höhen bringe mich selbst um
die angst um den verstand
ja zwinge mich jeden zwang
zu vergessen besessen von dir
ist jeder tag ein glücklicher
der wohl für uns werden mag
sogar die nacht hat er hell
gemacht hab ich gedacht und
in ihr dunkel gelacht

gedenken

du warst bist gewesen
bist nicht mehr keine
gegenwart nur was war
ein gedanke ohne denken
was ich sehe und
nicht mehr ist das präsens
überschattet vom imperfekt
das alles zerstört stört zu
laut die erinnerung zu
leise deine stimme an
meinem ohr wo bist du
die brücke über dem fluss
das italienische licht im
märz die kalte luft im leuchten
die angespannten muskeln
des marmors dein haar
vor der venus an der wand
ein name aus sonne mit
schatten geschrieben die
tinte auf den lippen mittags
die zitronen die zeilen auf
den kirchen die roten fahnen
im museum der schnitt in
der leinwand dein puls
in meinen händen dieses
theater der zeit ich habe nichts
verloren und alles in ihr
die suche mit geschlossenen
augen liegt doch alles vor
mir und uns

gradiva

du bildest dich mir nur
ein bildest mich nach
deinem bild deine hände
an mir als wäre ich aus
ton und drehte mich unter
ihnen bis du das gleich
gewicht verlierst und
mich aber ich bleibe
da dein wahn dein
frieden den du machst
mit der welt die ich für
dich bin das tier im käfig
aus dem ich dich lasse
verrückt nach dir

habenwollen

ich will dich haben genug
von dir alles das bist du mir
schuldig bleibe ich dir
nichts was noch offen wäre
unter dem strich liege ich
neben dir das was wir
geteilt haben uns das bett
mein leben war in deiner
hand die ich an es legen
wollte weil ich es nicht
mehr halten konnte in
der schwebe mit dir muss
ich es vorbeiziehen lassen
selbst das von dir lassen
wollen nicht mehr wollen
ich will dich nicht besitzen
sage ich zu der leere in mir
bis sie kein herz hat für mich

hautlos

du hast mir die haut
abgezogen mit dem
heissen wasser deiner
liebe das herz gehäutet
damit du es besser
schmeckst das rohe
fleisch blanchiert die
tomaten für den salat
der mich frisch hält
für deinen biss das
bisschen schmerz na
und du schlägst die nägel
in meine schwächste
stelle zu sehen aus
welchem treibholz ich
geschnitzt bin oder nur
gemüse drehst mich ein
in deine folie dass ich fast
ersticke mein atem
panisch unter der klarsicht
dem plastik für das meer
wenn wir das salz in den
wunden toter mann spielen
oder du mich am ende
doch auf den mond schickst
auf die andere seite
gebannt bis ich dahinter
komme *ein bläschen*
reizbarer substanz

herz

du sagst mein herz
sei schwer es sei
der stein mit dem ich
dich erschlagen hätte
dabei schwillt es
nur an wenn es dich
sieht und zieht sich
zusammen wenn du
gehst du wolltest es
fassen aber meine
liebe bleibt unfassbar

hingerissenheit

ich bin dir verfallen es
gefällt dir mich als
gefallenen in den armen
zu halten als verging
ich an deinen lippen du
hast mich geraubt wie
einen kuss ein wunder
in die wunde gestreut die
ich statt einem herzen trug
als zielscheibe für deinen
pfeil ein bild von einer frau
(einem mann) stiehlst du mir
alles und ich bleibe nichts
lieber als dir gestohlen

ich-liebe-dich

du sagst ich-liebe-dich ich
sage ich-liebe-dich und
wäre dir lieber die antwort
schuldig geblieben
die liebe ist mehr als
diese drei wörter wenn
man sie zu oft in
den mund nimmt bleiben
nur die gedankenstriche
dazwischen

identifizierung

ich bin nicht zu retten
ich pflück dir im winter
blumen wo nur schnee
ist lässt es mich kalt
opfer und henker sehe
ich mich in allem von
allem getrieben in den
spiegel von einem roman
in den nächsten reiss ich
die blätter aus vor dem
mund spreche ich stell
vertretend bin jeder und
jederzeit eine rose in
flüssigem stickstoff
bevor ich zerspringe

induktion

sie begehrt dich ich
beobachte ihr begehren
blicke ihr über den rücken
hoffe sie dreht sich um
damit ich dich sehen
kann und sie mich der
schatten der sich jetzt
auf dich legt wenn die
sonne am höchsten steht
ihr gefühl hat mich
angesteckt mit dir schon
bin ich in deiner schleife
spule für spule erhitze
und verknote mich mit dir
in meinen gedanken folge
den roten bändern die
durch deine labyrinthe
führen in dein herz und
rissen wie die gespannte
schnur des drachens den
der wind trägt während
meine leere hand dich
sucht am ende des sommers
und ich dir nachschreibe
in den sand der aus deinen
augen fiel

katastrophe

ich bin ein kaputter typ
ich habe alles verloren dich
mich eingeschlossen in
deine abwesenheit eine träne
weggedrückt den schmerz
nicht länger als eine schachtel
zigaretten dachte ich und fing
wieder an mein ganzer körper
zuckt und zieht sich zusammen
die tür ist abgeschlossen kein
weg zurück sagst du aber du
verschwindest nicht von
meiner haut nicht aus jedem
gedanken die sehnsucht dich
zu lieben die katastrophe
das herzbeben die trümmer
landschaft in meiner brust
die erinnerung der stacheldraht
über den ich als kind springe
das blut an den händen und renne
in den schatten der häuser
ohne wände die mir vor
die füsse fallen und meine
kindheit begraben warum
kommen die bilder zurück
wenn meine hände im dunkel
nach deinem rücken suchen
und nur das feuerzeug auf
dem laken finden ich gehe
ans fenster die stadt brennt

klatsch

du schwärzt mich an
sagst es sei die wahrheit
nichts daran zu machen
zu deuten sie sei vergeben
alles vergeblich die dritte
person in der du von ihr
sprichst und die erste die
ich nicht bin an ihrer seite
der zweite du hechelst alles
durch klatschst deinen klatsch
mir ins gesicht als liesse mich
kalt was du kalt benennst die
referenz die für mich keine ist
sondern mein du und ihr dich

kleidung

wickel mich ein in dieses
blaue wachspapier und
schreibe auf mir wie ein
metzger auf dem schwein
das vor ihm an der stange
hängt mein fleisch weiss ich
zieht dich an du willst mir die
haut über den kopf ziehen
bis alle gedanken fliehen
ausser dem einen dass du
zum sterben schön bist
wenn du dich in meine
begierde kleidest und ich
alle hüllen fallen lasse
dir einen schnitt verpasse
der bsticht das nackte
licht in das ich dich stelle
während ich mich quäle
was ich wohl anziehen
werde dass ich dir ähnle
wie ein haar dem anderen
der letzte schrei wir zwei
in klammern

körper

ich möchte ein blatt aus
dem block reissen es
über deine lippen legen
deinen atem einzufangen
zwischen den zeilen dein
körper der text den ich
schreibe wenn ich dich
beobachte mit worten
im kopf den finger nur
einen hauch über deiner
haut ich lese dich wie
kommata fallen deine
wimpern in meine wünsche
die wärme des konjunktivs
die kälte des irrealen das
futur meiner berührungen
die lücken die du mir lässt
die kühle deines blicks mit
geschlossenen lidern die
lieder dahinter schubert
die jalousien sperren das
licht aus die eifersucht auf
dein erwachen den abdruck
die erste zigarette mit
gespreizten fingern als
wärst du mir modell gestanden
malte ich dich mich meinen
gedanken schlafend malte
mir aus wie ich dich ausmale

und verschwinde in den
farben deiner falten dem
satz in den schatten

lästig

ich will dich nicht teilen
die orange ist nur in deiner
hand in diesem licht voll
kommen ich habe sie für
dich geschält das messer
liegt noch auf dem teller
die sonne spiegelt sich
in seiner schneide dich
zu sehen selbst sie will
ein stück von dir von dem
was ich mit dir teile warum
müssen sich dir alle mitteilen
uns stören was dich nicht zu
stören scheint ich sei ein
teil von dir warum teilst du
mich nicht gleich aus wenn
ich nicht das ganze bin die
welt sondern nur lästig

liebeserklärung

ich reibe meine sprache
an dir bis deine haut glüht
worte sind die schürfwunden
meiner liebe die bartstoppeln
auf deinem sonnenbrand wenn
ich dich küsse die sätze zittern
vor begierde schreibt er jedes
komma eine zunge jeder punkt
ein biss zart zunächst hörst du
zu mein diskurs ist aktiv auf
dir was ich sage liebt sich selbst
aber ich liebe dich den kommentar
des kommenden meine hand jetzt
das register all der begriffe die
ich für dich in den mund nahm
ohne dass du sie aussprechen
durftest coitus reservatus nie
kamst du damit zu ende bis
ich über dich als er spreche
oder man ganz abstrakt dreh
ich dich um wir müssen uns
der literatur unterwerfen rede
ich dich an und will mit dir
im text verschwinden du
nur du bist sein körper

magie

er liebt mich liebt mich
nicht ganz oder gar nicht
jetzt oder nie idiotie ich
zittre was ich zittern kann
den blick auf das blatt
das fällt oder nicht sich
wendet oder nicht das
brennt oder ich zünde
eine kerze an und bete
dich an das wachs auf
den fingern erstarrt nach
der hitze dem flammenden
schmerz des *nicht* doch
da ist dieses licht der docht
der einen zweiten entzündet
die letzte zigarette der
rauch all die *nie mehr*
für ein zeichen das
gesicht auf das die sonne
fällt am kreuz die leere
kirche zählt meine schritte
himmel und hölle möchte
ich auf einem bein springen
draussen vor der tür auf
der kreide der kinder

mitleid

du leidest aber nicht
an mir ungelitten in
deinem unglück glückt
es mir nicht dich zu teilen
die last auf deinen schultern
ertrag ich nicht so lass uns
leben sage ich mir stattdessen
aus sicherer distanz dir so
nah wie eine zärtlichkeit
der begierde *ein leicht*
schweben

mittelsperson

die gesellschaft ist die krankheit
die epidemie alle reden sie über
dich mich über bande hinter
meinem rücken gerüchte kommt
mir zu ohren was mir das herz
bricht du sprichst mit jedem
als sprächst du aus der seele
dass ich mich so quäle als hätte
sie auf ein wort eine krankheit
übertragen und lässt mich fallen
wie einen satz in die tiefe deiner
augen wenn wir uns treffen und
ich getroffen bin weil es keine
wand gibt um uns sondern
plötzlich ein blatt papier
zwischen dir und mir

monströs

ich lass dir keinen raum
ich bin ein monster
monströs in meinem traum
ist meine zunge so gross
dass sie dich ganz bedeckt
aufschleckt ich spucke dich
an wie ein aufgepeitschtes
meer die küste mein redeschwall
wirft dich gegen die felsen
zwängt dich zwischen die
klippen meiner lippen aber
du selbst hast keine dein auf
gerissener mund ist mit sand
gefüllt und festgetreten von
meinem endlosen diskurs
was du sagen wolltest sage
ich für dich dass ich dir
peinlich bin plump einfach
unerträglich da ich keinen
neben mir dulde und nicht
ein wort das nicht von mir
kommt den dolch im gewande
halte ich dich im ungewissen
bis du mich zur brust nimmst

nachklang

was in mir nachklingt wird
zur klinge zum schnitt die
zeile was klang war wird
klage tatbestand was keinen
bestand hätte sonst der zufall
die falltüre ein doppelpunkt
ins bodenlose ich vermute
das was war anders war
mein körper zittert als wäre
er gerade davongekommen
aber mein kopf sagt du bist es
nicht alles klingt nach alle
klingen springen auf wenn
ich denke es klingt ab so
halte ich still und die stille
nicht aus bis ich sie breche
den bleistift auf dem tisch

nacht

ich habe mich schwarz geliebt
an dir als mir ein licht
aufging dass ich
den stecker ziehen muss
um zu leuchten ein glüh
wurm in deiner faust
denn die nacht war dunkel
und erhellte die nacht
spreche ich nach und nach
gebe ich nach was will ich
haben nichts kommt mir
in den sinn

objekte

auf was spielt der regen
die anführungsstriche
unserer liebe laufen über
augen lippen herz ich bin ein
tropfen im meer der punkt
über den ich nicht hinaus
komme eine träne die du
nicht weinst zum heulen
ich fasse alles an was du
berührt hast den zettel
die tinte deine schrift die
verläuft davonläuft unter
meinen fingern aus den
händen die abdrücke die
bleiben über den deinen
du schriebst ihm ein wort
für glück ich habe es
auf der zunge

obszön

deine empfindsamkeit ist
obszön du trägst sie wie ein
geschlecht nimmst es immer
wieder in den mund dieses
wort mit dem zungen- und
lippenlaut und dem dünnen
vokal in der mitte die spucke
in den händen die monstranz
der unschuld tenor ohne
unterleib in der mitte an der
rampe zeigst du dein herz
wie ein exhibitionist seinen
mantel öffnet bevor er ihn
mit dem schwert teilt ein
heiliger

redseligkeit

ich bin mir selbst mein
eigenes theater spreche
mich ein warm heiss in
den rausch der sprache
eines anderen mein herz
die hebebühne ich dreh
mich um das eine richtige
wort das mir im hals steckt
sterbe tausend tode und
hülle mein gesicht in
einen vorhang über den
das wasser läuft mein
mund die wunde die ich
schliesse aber wieder
öffnen muss verschlucke
mich ringe nach luft
ertrinke im sprachfluss
ohne etwas das mich halten
könnte das mich hält die
finger spielen ein stück
aber mein kopf erreicht
sie nicht es gibt keine
regie mehr nur das kind
das ich war das mich zum
weinen bringt wenn ich
seine stimme höre mich
die schönen tage

schreiben

es ist da wo du nicht bist du
bist ein gedicht ich schreibe
dich fort du bist nicht
das papier wert auf dem es
gedruckt steht sondern mehr
das überschriebene du liebst
aber ich schreibe du liebst
und unterschreibe mein urteil
ich bin hier in meiner sprache
und du aus ihr und nicht mehr
hier aus fleisch und blut und
machst einen satz den ich nicht
einholen kann auf den zeilen
selbst wenn ich springe

schweifen

ich schweife ab von dir
zu ihm zum nächsten
vom hundertsten zum
tausendsten gibt es
immer nur den einen
das eine die liebe
endet um von neuem zu
beginnen ich fange etwas
an fang es mir ein klang
ohne erinnerung das absolute
die endlosschleife love of
my life der schweif am
horizont wo sie versinkt
um aufzugehen als wäre
sie neu

sehnen

nicht sofort bleib
fort ich halte dich
mir vom leib komm
mir nicht zu nah du
gehst mir unter die
haut wenn ich meine
rette vor dir es mich
umhaut das sehnen
das suchen die sucht
zu warten bis du das
süsse brennen löschst
mit deinem jetzt bricht
mir der schweiss aus

selbstmord

ein satz nur die schlinge
um meinen hals der stuhl
der tisch auf dem ich
schreibe lese ich denke daran
die zeit totzuschlagen ihren
puls mit einer rasierklinge
zu fühlen die ader ich spreche
es *aus* sage es zu mir selbst *du*
musst es dir zuschreiben
mich an ein totes liebchen
schmiegen will ich das du
gibst mir die kugel und
beruhigst dich er hat nur einen
schuss zum totlachen
(die gelbe weste in der blutlache)

so

du bist nicht so oder so
sondern so sowieso so
wie du bist ohne vergleich
gleichst du mir nicht ich
decke dich mit adjektiven
zu aber du wirfst sie ab
nackt liegst du da die
wahrheit und ich grenze
dich ein mit meiner zunge
so genau so

stummheit

umsonst das echo meiner
rede hineingesprochen
in den schalltoten raum
um dich du stehst im toten
winkel schirmst dich ab
jetzt bin ich ein paar mit mir
selbst *das bist du* spiegel
verkehrt schrieb ich meinen
namen auf deinen rücken
den du mir zeigst du bleibst
stumm und ich schau nach
dir als blickte ich zurück
auf mein zuviel das dir
ein zu wenig ist wie ich
fürchte in dieser stille
noch immer der unstillbare

szene

ich gebe dir das letzte wort
und behalte es den stich in der
brust wir müssen uns nicht
bis aufs blut streiten ich
gehe ab lass dir die mitte
der bühne den ersten satz
und ich und ich ach

umarmung

du machst mich zum kind
in deinen armen an deiner
brust als könnte ich an ihr
den herzschlag meiner
kindheit spüren die tränen
gelben plastikhandschuhe
den geruch des spülmittels und
des moschus von dem ich
kopfschmerzen bekam *halt*
mich fest doch dann klammerte
sie mich an ihr leben nahm
mir die luft die lippen auf
der schürze als ich in bade
hosen vor ihr stand schrie
ich vor schmerzen der
reissverschluss klemmte bis
der vater kam seine hand der
freund die spiele wenn wir
uns auf dem rasen nach den
toren umarmten da konnte
ich es noch ohne gedanken
an die hände im rücken die
mich festhalten statt halten
bis ich dich aufs kreuz lege

umschreiben

ich setze dich in parenthese
du bist undenkbar ich will
nicht an dich denken dieses
dauernd das nicht von dauer
ist sein kann alles kann sein
aber ich habe nichts davon
wenn es nicht immer und
jetzt ist sondern augenblick
für augenblick die pure lust
doch dazwischen nur angst
die sie ja steigern könnte
aber mich abstürzen lässt
danach eine ruine zerstreut
in alle winde der staub
der das bild von einer stadt
war die du leuchten sehen
konntest durch das fenster
in deinem kalender

unbegreiflich

nur ich kenn dich wirklich
und greife ins leere wenn
ich dich fassen will als
hätte ich dich in der hand
das unfassbare im griff
durchdringt es mich du
bleibst mir ein rätsel ich
mir selbst unlösbar mit
dir verbunden die augen
bist du mein gott un
berührbar solange ich
dich sehen will siehst du
dich vor scheint es mir
mein verlangen gilt einem
unbekannten den ich wie
keinen zweiten kenne

unerträglich

es kann nicht es kann nicht so
bleiben aber das unerträgliche
bleibt hat geduld in deiner
ungeduld hat zeit die uns
davonläuft nichts wird
anders werden es bleibt
wie es ist dauert es dich
ich könnte es beenden
bilde ich mir ein *es ist*
verrückt wie ich es nach
dir war ich harre aus und
du reisst dir die haare aus
es kann nicht sein ich kann
es nicht mehr hören warum
sollte es aufhören

verausgabung

ich verausgabe mich für
dich verschleudre ich alles
was ich habe nichts ausser
dir will ich gewinnen mein
leben verlieren wenn es
sein muss gehe ich über
alle grenzen kein gleich
gewicht soll mich stören
ich stürze mich in den
strom meiner gedanken
gehe unter gehe auf im
überschwang werfe eine
münze in die luft und
vergesse sie zerstreue
mich dich blühen zu
sehen und rechne mit
nichts nur auf dich

verbergen

alle angst ist aus der luft
gegriffen und ich ringe nach
ihr greife ins leere wo eine
nachricht von dir warten
müsste aber ich will sie
dir nicht nehmen wenn ich
frage dich ersticken mit nähe
die ich dir zeigen will aber
nicht kann aber doch sollte
vielleicht mich opfern oder
deine freiheit die ich dir lassen
müsste statt alles zu geben
ein wenig wäre am besten
weiche ich aus und weiche
nur etwas bin diskret wo ich
schreien möchte kaltblütig
obwohl ich brenne hinter
der maske die du mir nicht
ganz abnimmst die brille
mit den dunklen gläsern
voller tränen die ich weg
wische mit einem satz und
wünsche du ahnst was hinter
dem dunkel liegt in der stimme
die rasend enttäuscht dich nicht
täuschen kann mit dem was sie
verneint nein ich lasse mich
nicht gehen nur so kommst du
wieder

vereinigung

ohne dich bin ich nicht
mehr ich ein teil von dir
das ganze wir sage ich
und du sagst uns wir
sind eins und eins eins
in dir bin ich du und du
vollendest uns das bild
auseinandergefaltet das
ineinander die schnittstellen
bis die worte austauschbar
sind von zunge zu zunge
x wie y

verhalten

soll das so weitergehen
kein entweder oder hält
mich ab ich gehe weiter
dazwischen mein dennoch
ist nicht aufzuhalten ich
bin haltlos und nicht
verhalten sondern sofort
alles wird zeichen zeichnet
sich ab die zukunft wenn ich
dich jetzt anrufe spontan
was dann zu früh zu spät
es hat nichts zu bedeuten
oder bedeute ich ihm nichts
wenn ich aber ich muss
fürchte ich und drück die
zigarette aus lese die asche
und hätte mich *come*
as you are aus dem staub
gemacht

vermisst

sie werden sich die mäuler
zerreissen weitersprechen
und weiter im text gestrichen
ich ein *ich vermisse dich*
du fehlst keine fehlermeldung
fortsetzung folgt ohne mich
ich sehe und sage mich tot
aber was ich sehe ist ich
hinterlasse keine lücke nur
die freiheit von mir niemand
trauert mir nach länger als
ich selbst totgeschwiegen
bald mit worten sie hören
nicht auf zu reden über gott
und die welt bin ich etwa
gestorben für sie da sie so
alles vermissen lassen
was mich am leben hielte
wenn ich nun ginge

verrückt

wäre das eigene meine frequenz
würde ich einstürzen wie die
brücke zwischen mir und dem
was du aus mir machst mich
verrückt und nicht verrückt
genug verrückt zu sein zum
narren halte ich mich fest an
allem unhaltbaren herrsche
meine ohnmacht an der ich
mich unterworfen habe mit
haut und haar abgeschnitten
von der welt und doch ganz
aus ihr

verstehen

der dunkelste platz ist
immer unter der lampe
dir geht kein licht auf
wenn du über die liebe
sprichst sie denken willst
der reflex auf deinen lippen
die verstehen wollen warum
sie küssen müssen ich
fasse ins auge was ich
nicht fassen kann aber
anfasse die haut meines
bewusstseins der schrei
nach dem unaussprechlichen

wahrheit

ich will dich wahrhaben
die illusion mein wahres
ich mit dir teile ich es
das geheimnis neben
dem weg vor uns das
offene im auge

warum

aber warum liebst du mich
denn nicht es steht ganz
ausser frage dass du es tust
warum nicht wieso doch
weshalb vielleicht zu wenig
empfinde ich zu viel für mich
blicke ich zurück gekrümmt
wie ein fragezeichen liege
ich in dem hotelbett verlassen
von allen antworten rufe ich
nach dir du wirst kommen ich
habe dir orchideen geschickt
mit einem x statt meinem
namen auf der karte die
diese tür nicht öffnen wird

weinen

du lässt meine tränen kommen
sind wir nicht zum heulen auf
der zunge die spucke des herzens
das salz für die wunde wenn
sie sich öffnet dem strömen
ew'ges sehnen

wolken

er könnte es offen zur sprache
bringen eine laune der natur die
wolken ziehen sich zusammen
doch das gewitter bleibt aus
die schwüle in der luft die
schatten über allem die sonne
sie kommt nicht durch es geht
vorüber er geht vorüber mit
diesem verschatteten gesicht
für das er selbst verantwortlich
ist als wäre er aus allen wolken
gefallen da wir auf ihnen liefen

zärtlichkeit

du schmiegst dich an ihn
an legst den arm um ihn
streichst über seine wange
berührst wie zufällig aber
mit absicht die unschuld
in person darfst bedürftig
sein dürftig nur mein
verlangen und dass es
aufhört du aufhörst es bei
allen zu suchen es jedem
zu schenken deine offenen
arme die breite schulter
die starke brust und meine
harte hand die sich zur
faust ballt und sofort
löst wenn du mir
einen blick zuwirfst
zärtlich mich umwirfst
meinen widerstand der
bricht mit deinem herzen

zeichen

ich zeichne dich auf das
tischtuch im restaurant das
zerrissen war am ende voller
zeichen vollgezeichnet kreise
in denen wir uns drehen
strichmännchen mit erhobenen
armen das bin ich ich schreie
wonach nach einem wort
der schwarzen katze die über
die strasse läuft du läufst
davon wirst es stehst auf
zigaretten zu holen die asche
auf der fingerkuppe du
konntest nicht schlafen
sagtest du vier stunden in
der nacht lag ich wach
während du weg warst
und mich mit all diesen
zeichen allein liesst die ich
nicht zu lesen aufhören
konnte schmerzlich ist es mir
nur dass ich so machtlos bin
dir meine liebe zu bezeugen
las ich bei freud als wäre
es ein beweis dass du
wiederkommst wie auch
jetzt zurück an den tisch
in mein leben das wartet
auf ein zeichen von dir
dass es vorbei ist

zueignung

du hast dich mir geschenkt
und ich gab dir nichts als
meine sprache den zungen
schlag der blicke ich widme
dir mein leben diese fünf
buchstaben die für kein
alphabet reichen du bist
ein gedicht schreibe ich
hymnisch und glaube mir
kein wort wenn du es nicht
aussprichst und ausbrichst
aus meinen anführungszeichen
für dich

zugrundegehen

die lust die wunde
zu schliessen mit einer
grösseren einen stillen
tod zu sterben wie die
tode zuvor *die süsse*
auf der zunge die letzte
silbe ausgehaucht bruch
stückhaft *er geht davon*
das herz in der kehle über
die lippen unter die räder

Inhalt

abhängigkeit 9

abwesenheit 10

allein 11

anbetungswürdig 12

angst 13

askese 14

atopos 15

auswege 16

begegnung 17

beiläufigkeiten 19

bejahung 21

berührungen 22

betretenheit 23

bild 24

brief 25

dämonen 26

drama 27

eifersucht 28

einbezogen 29

einverständnis 30

entstellung 31

entwertung 32

entwirklichung 33

erfüllung 35

erwachen 36

erwartung 37

exil 39

fading 41

fehler 43

fest 44

gedenken 45

gradiva 46

habenwollen 47

hautlos 48

herz 49

hingerissenheit 50

ich-liebe-dich 51

identifizierung 52

induktion 53

katastrophe 54

klatsch 55

kleidung 56

körper 57

lästig 59

liebeserklärung 60

magie 61

mitleid 62

mittelsperson 63

monströs 64

nachklang 65

nacht 66

objekte 67

obszön 68

redseligkeit 69

schreiben 70

schweifen 71

sehnen 72

selbstmord 73

so 74

stummheit 75

szene 76

umarmung 77

umschreiben 78

unbegreiflich 79

unerträglich 80

verausgabung 81

verbergen 82

vereinigung 83

verhalten 84

vermisst 85

verrückt 86

verstehen 87

wahrheit 88

warum 89

weinen 90

wolken 91

zärtlichkeit 92

zeichen 93

zueignung 94

zugrundegehen 95